AF245853

TROISIÈME ET DERNIER
DISCOURS
SUR LA GUERRE,
OU
LE *TE DEUM* DE LA MOSKWA.

TROISIEME DISCOURS

SUR LA GUERRE,

Considérée sous des rapports de légitimité, et relativement aux triomphes récens de la grande Armée, surtout à l'éclatante victoire de la MOSKWA ;

Prononcé le 11 Octobre 1812,

D'après l'invitation du Gouvernement,

Dans l'Eglise Réformée-Consistoriale de Nantes ;

ET SUIVI

D'UN HYMNE RELIGIEUX

SUR LA DÉLIVRANCE DE LA POLOGNE ;

PAR M. PIERRE DE JOUX,

Président du Consistoire de la Loire-Inférieure et de la Vendée, Membre de plusieurs Sociétés savantes.

———

A NANTES,

DE L'IMPRIMERIE DE BRUN.

———

1812.

LE *TE DEUM*

DE LA MOSKWA,

OU

NAPOLÉON LIBÉRATEUR;

DISCOURS

Sur ces paroles d'Isaïe, ch. XIX, v. 20,
et ch. XXVI, v. 1 :

Alors ils crieront à l'Éternel des armées, à cause des oppresseurs, des hommes terribles ;... et l'Éternel leur enverra un *Libérateur*, un grand personnage qui les délivrera du joug des étrangers.

Et, en ce jour là, ce Cantique de reconnoissance **TEXTE.** sera chanté au pays de Juda : nous avons aujourd'hui une ville forte, la ville des nations ; la *Délivrance* y sera mise pour muraille, la paix et la sureté y seront assises pour *Avant-Mur.*

CELUI dont les destinées dominent celles ЕХОRDE. des nations et des rois, vient d'humilier les oppresseurs fugitifs de la Pologne ; et déjà leur rapide abaissement justifie à nos regards cette sage Providence qui avoit permis leur triomphe passager.

Certes, l'on ne vit jamais plus à découvert l'intervention de cette intelligence législatrice qui rétablit sans cesse l'ordre moral que les passions humaines tendent à détruire, et qui conduit les diverses sociétés à cette heureuse fin que leur assignent et leurs constitutions respectives, et les invariables rapports qui lient entre elles ces grandes familles qu'on appelle Nations.

Jamais non plus on ne fit un plus digne usage de la victoire! Un homme né pour protéger, pour vaincre et donner des lois, après avoir sauvé la France en proie aux horreurs de l'anarchie, après avoir dompté au dehors ses ennemis divers, a visité une monarchie presque abîmée, il lui a redonné la vie et le mouvement; il a dit à la Pologne : *lève-toi et marche.*

Ah! si la plus douce consolation des vainqueurs consiste à délivrer des victimes, à étendre l'empire de la raison, à rétablir entre les Etats cet équilibre qui garantit leur tranquillité, nulle campagne ne pourra mieux que celle qui commence et qui s'achève, laisser aux Français de glorieux souvenirs, mériter à Napoléon la reconnoissance de l'Europe, pour qui le relèvement

(7)

de son avant-mur, la restauration de la Pologne étoit un besoin : et la renaissance de ce vertueux peuple sera l'un de ces bienfaits inestimables dont se compose chaque jour l'histoire du plus grand des souverains.

Dans cette solennité auguste, destinée à bénir Dieu des victoires glorieuses de Napoléon comme d'un bonheur public, parmi tant de choses merveilleuses que le Seigneur a faites par celui qu'il a élu, laquelle choisirai-je pour mon sujet principal, si ce n'est point celle qui occupe vos pensées, si ce n'est l'unique objet vers lequel tous vos regards sont tournés ?

D'ailleurs, en voyant le chef de l'Empire avancer, ainsi que le soleil, dans sa marche, et briller d'un éclat toujours plus vif ; en observant que la lumière qu'il répand sur le monde, semblable à celle de cet astre radieux, dès le commencement de sa carrière, va toujours croissant, et que, fortifiée par les évènemens et par l'expérience, elle jette toujours de plus grandes clartés et de nouvelles gloires, jusqu'à ce qu'elle parvienne à sa perfection, pourquoi rétrograderois-je ? pourquoi voudrois-je encore vous retracer de nobles souvenirs, et tout ce que le héros de la France a fait pour elle, lorsque, jaloux de lui préparer un grand avenir, et de rendre ses prospérités durables, lui-même s'élance vers des objets toujours plus élevés, et que ses splendeurs deviennent plus éclatantes?

Jamais un spectacle plus frappant fut-il offert aux yeux des mortels? jamais de plus pénétrantes pensées ébranlèrent - elles l'ame humaine?... Un peuple né de nouveau! toute l'armée russe, composée de plus de trois cent mille combattans, agitée çà et là, battue de la tempête, ainsi qu'un foible roseau, et transportée, *comme par un coup de vent*, de Pologne en Moscovie!

Quand je me proposerois de vous entretenir d'autres objets, la Pologne renaissante apparoîtroit à l'œil de votre ame, elle viendroit détourner votre attention ; et votre esprit, avide de s'instruire, se porteroit avec d'autant plus d'activité vers cette scène nouvelle, pleine de vie et de majesté, que la tranquillité intérieure, la sureté, la paix, dont Napoléon vous fait jouir, sont plus grandes et plus profondes.

Que s'il se trouvoit, néanmoins, quelqu'un que ce tableau touchant ne pût émouvoir, et qui ne sentît point avec délices

toute l'étendue du bien que Dieu fait
aujourd'hui à une nation généreuse, l'ancienne alliée de la nôtre, en l'arrachant
aux plus affreuses calamités, et en lui rendant son indépendance, j'invoquerois à mon
aide l'humanité, cette source sacrée des
affections qui ennoblissent notre ame, et
qui nous rendent meilleurs; j'en appellerois
à la nature qui a attaché un puissant attrait,
un charme invincible aux douces larmes
que nous fait verser la compassion....

En effet, si rien de ce qui intéresse un
seul homme, ne doit être étranger à notre
cœur, sera - t - il permis d'être spectateur
indifférent des maux de tout un peuple?
l'insensibilité pourroit-elle être un bonheur?
gardons-nous de le croire, non, non! loin
de souffrir de la douleur qu'il éprouve à
l'aspect déchirant de l'infortune, un cœur
vertueux jouit en secret de la partager, et
il ne changeroit point ces souffrances, qui
l'honorent, pour l'indifférence apathique de
celui que rien ne peut toucher que ce qui
lui est propre et personnel.

Loin de nous donc, lâche égoïsme, toi
qui étouffes dans leur naissance toutes
les vertus! fuyez, disparoissez à jamais,
passions vénales, vile cupidité, vous qui

sacrifiez les pures jouissances de la sensibilité la plus sainte à quelque portion d'un métal qui corrompt les cœurs, à de prétendues grandeurs qui entourent l'homme de prestiges, à de honteuses voluptés qui le dégradent et le rendent inhumain !

Viens nous inspirer, amour de la patrie ! esprit national, toi qui dirigeas le bras des Français, toi qui as su créer par eux des choses qui seroient autrement réputées impossibles, viens nous intéresser au sort des Polonais, viens nous faire admirer tout ce qu'ils ont fait pour recouvrer leur indépendance, viens nous prouver qu'elle est le plus grand des biens pour un puissant État.

Ou plutôt, Religion divine, toi qui es l'ame de toutes les affections libérales, et vous, autels, vous à l'ombre desquels croît le patriotisme le plus pur, échauffez nos cœurs de votre flamme sacrée ! tous les esprits qui en seront animés, convaincus que le but de l'Evangile n'est autre que la félicité des nations, non-seulement pardonneront à l'instituteur de la morale publique, à l'orateur chrétien, d'arrêter ses regards sur les trophées de son prince et de son peuple, mais ils sentiront encore que le prédicateur de la vérité doit célébrer des exploits dont la délivrance des nations opprimées, la paix de l'univers seront le résultat;... et que le salut de la patrie absout la victoire.

Alors, loin de vous plaindre de ce que j'ai déploré dans un discours religieux, les malheurs des Polonais, vous sentirez que, semblables aux nuages chargés de la foudre, et qui font ressortir avec plus d'éclat l'astre brillant du soleil, ces souvenirs pénibles ont servi, par leur contraste, à vous faire partager plus vivement le bonheur de cette estimable nation, et à adorer les voies de la Providence!

Alors vous verserez des pleurs de joie, vous tressaillerez de reconnoissance, en voyant la terre de désolation redevenir une terre fortunée, et la vertu, l'innocence, long-tems persécutées, rentrer dans les droits qu'une exécrable ambition leur avoit ravis.

Cependant, pour rattacher les faits, dont je dois vous entretenir, à des idées fixes et générales, et ne point céder au sentiment l'empire de la raison,

1.º J'exposerai d'abord, la légitimité de ^{DIVISION.}

la guerre actuelle, considérée sous des rapports politiques et naturels; je vous prouverai que les victoires de l'Empereur sont des victoires européennes.

2.º Je retracerai ensuite les vertus, la noble résistance, et l'oppression des Polonais; les services qu'ils rendirent à l'Europe, l'absolue nécessité de les aider à rompre le joug sous lequel ils gémissoient. --- Cette nation généreuse est l'amie, la plus fidelle alliée de la nôtre; elle est *notre avant-mur*, elle est la *ville des peuples*, la frontière extrême de la civilisation.

3.º Je mettrai enfin, sommairement, sous vos yeux les prodiges de la délivrance de la Pologne.

Vous concluerez vous-mêmes, de ces arguments et de ces faits, que le droit des nations, que l'intérêt des sociétés civilisées plaident en notre faveur, et que la France combat pour les principes de la justice éternelle; vous reconnoîtrez que nos succès éclatans, obtenus par la bravoure de nos armées et par la sagesse de Napoléon, sont dus à une direction supérieure de la cause intelligente du monde, que nous devons bénir dans cette auguste solennité.

M. C. A.

J'ai démontré, dans deux discours précédens, que l'esprit militaire a dû présider à la fondation des sociétés humaines ; j'ai prouvé que la guerre, (ou la résistance à l'oppression, et le combat de l'ordre contre le désordre) est le moyen puissant dont se sert la Cause intelligente du monde, pour y introduire graduellement la civilisation, pour rapprocher les peuples par des relations sociales, pour faire triompher le bien du mal, et la lumière morale des ténèbres de la barbarie, de l'erreur, du vice et de la corruption.

Telle est la grande pensée qui se présente inévitablement à l'esprit de tout homme qui considère attentivement, et cette lutte constante qui, dès l'origine des temps, balance le sort des diverses nations, et la main invisible du suprême Ordonnateur des sociétés, qui pèse leurs destinées.

Mais le Souverain éternel de l'univers, ne pouvant approuver que ce qui est juste et conforme à l'ordre social dont il est l'auteur, DE LA PROPOSITION GÉNÉRALE que j'ai établie, en reconnoissant dans la guerre un moyen de civilisation, suivent nécessairement, comme corollaires ou comme conséquences rigoureuses, ces trois PROPOSITIONS SECONDAIRES, tacitement avouées par toutes les nations.

La première, c'est que les lois de la guerre n'étant que les lois naturelles de l'humanité, appliquées à cette situation particulière des peuples, tout ce qui se fait contre elles est frappé nécessairement de nullité ; vu que ces lois fondamentales réclament sans cesse, et que, tôt ou tard, l'homme s'y voit ramené par la force irrésistible des évènemens. C'est ainsi que le déchirement de la Pologne, opéré contre tout principe social et religieux, n'a pu avoir de durée que celle de la violence locale et momentanée.

Ainsi, lorsque les esprits qui président aux tempêtes, viennent à s'agiter dans les airs, l'éclair sillonne la nue, la terre paroît s'ébranler jusques dans ses fondemens, la mer profonde recule d'effroi et découvre ses abîmes, la foudre éclate sur les habitations des mortels, et le deuil de la nuit enveloppe la nature..... Mais bientôt renaît la douce clarté, l'orage se dissipe, et les tonnerres s'éteignent ! bientôt le nautonnier et le cultivateur bannissent l'effroi, se livrent à l'espérance, réparent leurs pertes ; et le ciel au front d'azur, couronné de nuées d'or et de pourpre, offre l'image de la paix, du calme et de la sérénité de leurs cœurs.

De même, c'est en vain que trois cent mille esclaves russes disciplinés ont répandu dans les champs de la Pologne le meurtre et le pillage ;... en vain les Suwaroff, les Kretchécknikoff, tels que les Attila et les Tamerlan, ces fléaux du monde, ont-ils semé l'horreur et la désolation dans les demeures paisibles des Polonais ; en vain les hordes serviles de la Moscovie, semblables à un torrent dévastateur, ont-elles frappé momentanément de stérilité la terre féconde de la Sarmatie, bientôt le libérateur, qui lui prête son secours, devoit la couvrir de verdure et de fruits, réssusciter ses villes de leurs cendres, fertiliser ses déserts, rappeller dans leurs foyers les familles exilées ; bientôt, en un mot, les lois naturelles de l'humanité devoient reprendre leurs cours, et la Pologne renaître !

Cependant, si la vérité de cette première proposition est démontrée jusqu'à l'évidence, nous ne pouvons refuser de reconnoître comme certaine LA PROPOSITION INVERSE ;

c'est que la guerre que se font entre elles les nations, pour recouvrer leur indépendance, pour maintenir leur liberté, leur commerce, leur honneur et l'intégrité de leur territoire, ou pour venger l'infraction des traités, ou, enfin, pour retirer un peuple de la barbarie, et pour étendre les progrès de la civilisation, est un état légitime; c'est que toute guerre, entreprise par de si justes motifs, non-seulement se trouve indispensable pour conserver l'ordre général, mais qu'elle devient encore un acte d'hommage rendu à la justice éternelle qui préside à l'existence des sociétés.

Ainsi, lorsqu'en dépit des pactes solennels et de la foi promise, la cupidité vénale et l'aveugle ambition amonceloient sur les rives de la Dwina de menaçans nuages; lorsqu'entraîné par de perfides insinuations, le dominateur du Nord, oubliant à la fois, et ses engagemens, et ses revers, et ses fautes, contractoit imprudemment avec notre implacable ennemi une alliance qu'il avoit abjurée à Tilsitt,... et qui lui fut si funeste; lorsqu'enfin le vaincu a osé défier le vainqueur, cette insulte aussi gratuite qu'inconsidérée, a changé soudain la face des affaires, a fait luire aux yeux des Polonais un rayon consolateur, a provoqué la délivrance de leur patrie, et appelé le vengeur des droits de l'humanité.

Napoléon, en effet, promène en silence ses regards sur l'Europe... il voit l'infraction des traités, et la sainteté des sermens rendue illusoire... dès-lors plus de délai, plus d'intervalle, plus de repos ! Il réserve pour lui les travaux de la guerre,... et à la France les fruits de la paix !

Il vole vers les champs de la Pologne, vers ce peuple fier et généreux qui sut combattre et mourir pour son pays; et qui, resté debout au milieu de ses ruines, n'attendoit qu'un bras pour le protéger, qu'une pensée créatrice pour ranimer sa vie presque éteinte, en un mot, que l'apparition de l'Hercule français pour reconquérir sa liberté et abattre les cent têtes de l'Hydre hyperboréenne...

Déjà, sous ses drapeaux glorieux, marchent les forces de la plupart des peuples policés, charmés de combattre pour une cause si belle, jaloux d'arracher un peuple vertueux au joug de l'oppression, de sauver le midi civilisé de l'Europe de la tyrannie du nord sémi-barbare, et de reconstruire l'avant-

mur qui préviendra désormais les inondations du déprédateur.

Certes ! quand on se rappelle combien de
sang a été répandu, par les oppresseurs
coalisés, chez la nation la plus douce et la
plus humaine de l'Europe, quel ami de
l'humanité n'applaudira point à l'acte d'ex-
piation qui frustre aujourd'hui le spoliateur
du fruit de ses crimes, et qui le fait servir
lui-même, en dépit de son ambition, à détruire
de ses propres mains l'œuvre d'iniquité qu'il
se flattoit d'avoir impunément consommée ?
---- Quel homme religieux ne reconnoîtra
que ce Dieu juste et saint qui souffle dans
le cœur des héros une ardeur guerrière,
et qui prépare leurs mains aux combats ;
a répandu chez nos ennemis l'esprit de
vertige, qu'il a dirigé, vers le rétablissement
de l'harmonie des États européens, les passions farouches qui tendoient à la détruire ?
Qui pourra douter que ce ne soit le Protecteur suprême de la Société qui a appelé
le conquérant et qui a mis entre ses mains
le glaive redoutable, pour être l'organe de
ses desseins, suivant ces paroles sacrées :
*Ils ont crié à l'Éternel à cause des oppres-
seurs, des hommes terribles ; et l'Éternel leur
a envoyé un libérateur, un grand personnage
qui les a délivrés du joug des Étrangers...?*

Il est donc vrai que la guerre actuelle n'est pour nous qu'une défense devenue indispensable, qu'elle porte en soi tous les caractères de légitimité; et que Napoléon combat aujourd'hui pour la cause de l'Europe et des familles humaines.

Avouons le , néanmoins, M. C. A. il seroit trop malheureux le sort du genre humain, si l'état de guerre étoit inhérent à sa nature, comme l'a faussement prétendu un grand écrivain. Non, la guerre ne peut avoir d'autre but que la paix, et elle cesseroit d'être légitime pour le gouvernement qui la voudroit éternelle, puisqu'il proposeroit pour dernière fin une lutte toujours déplorable, qui ne peut être permise que comme moyen de parvenir au repos. — C'est *la troisième conséquence* que je tire de la proposition générale que j'ai établie.

En effet, la Cause intelligente du monde, le Dieu de paix, étant le fondateur de l'ordre social, n'a d'autre but que le rétablissement ou le maintien de cet ordre admirable auquel il appelle sans cesse les individus et les sociétés : et de même que la tempête, les aquilons et les autans qui s'entre-choquent, ne servent dans leur fureur qu'à rétablir l'équilibre altéré des élémens; et que les orages ne sont qu'un accident dans la nature physique et nullement son état fixe et habituel : ainsi la guerre n'est pour les peuples qu'une situation accidentelle, un état violent de réaction, de résistance au désordre; elle doit cesser dès que l'ordre est rétabli, et la paix en est le terme; la paix, ce complément du bonheur social que la sagesse, l'humanité, une politique éclairée doivent accélérer par tous les moyens possibles!

Que penser donc du gouvernement anglais, qui, gagnant à la guerre, usurpant par elle tout le commerce des mers, a voulu qu'elle fût interminable? Tandis que l'Empereur ne s'arme que par nécessité; qu'il n'a pas craint de faire sans cesse des sacrifices, pour maintenir la tranquillité du continent; et que l'amour de la paix a pu rendre conciliant, pacifique, cet invincible guerrier. Combien ils sont à plaindre ces Insulaires, qui, seuls de tous les peuples chrétiens, osent enfreindre la convention tacite de toutes les nations civilisées, déclarer une guerre éternelle aux Français et à Napoléon!

Ce phénomène moral, néanmoins, ne doit pas vous surprendre, M. C. A. L'on a trèsbien dit que, l'Angleterre, par sa constitution, par son existence isolée et par ses besoins, est dans un système habituel de guerre avec tous les peuples, que le repos est pour elle un état accidentel ; et, par conséquent, que sa politique est directement opposée à la nature, à la justice et aux grands intérêts de l'humanité.

Comment, en effet, cette nation puissante, insulaire, uniquement maritime, n'ayant d'autres bornes que celles de l'univers, pouvant, avec ses flottes nombreuses, promener ses forces dans, tous les pays qu'arrosent les mers, comment n'auroit-elle pas une disposition à s'étendre sans cesse, et cette insatiable cupidité qui ne fait que s'accroître en dévorant ? Comment la facilité à attaquer, partout, n'allumeroit-elle pas chez ce peuple navigateur l'ardent desir des conquêtes, la soif d'envahir et de régner, soif démesurée, que pas même soixante et dix millions de sujets avec leurs terres et leurs trésors, dernièrement acquis par les Anglais dans les grandes Indes., ne peuvent assouvir ?

Aussi ce Gouvernement inique, qui a fondé son empire sur les eaux, visant toujours à la seule monarchie universelle qui soit possible, celle de la mer, a-t-il recherché l'amitié de la Russie de laquelle

il tire tous ses moyens de puissance navale:
aussi, blessé par de justes représailles dans
ses plus chers intérêts, prêt à voir tout l'u-
nivers se soustraire à ce despotisme maritime qu'il exerçoit sur le continent, le
Cabinet de Saint-James, a-t-il voulu rompre
cette réunion spontanée de volontés, qui,
liguant contre son commerce exclusif tous
les peuples de l'Europe, n'auroit bientôt
laissé à ses flottes d'autre asile que ses ports,
et à ses denrées coloniales d'autres consom-
mateurs que les Anglais eux-mêmes. Il a donc
suscité de nouveau contre nous son allié
naturel; il a précipité dans l'arène des combats l'Autocrate Moscovite.

Au bruit de ces mouvemens audacieux,
le Lion du Midi s'est réveillé, impatient de
saisir la proie que la fortune lui marque....
Il la poursuit jusques dans la profondeur
des forêts.... Le Tigre d'Hircanie n'ose se
mesurer contre son noble adversaire....

Retire - toi, retire - toi, dominateur du
Nord, cesse de lutter contre une puissance
supérieure, replie tes bataillons; mets les
fleuves rapides, mets les torrens écumeux
et roulant comme un tonnerre, entre tes
escadrons et le vainqueur irrité. N'attends
pas que, prompt comme la pensée, aussi

(23)

actif que mesuré dans les coups que dirige sa main, il t'atteigne et te terrasse.... Ne vois-tu pas qu'il inspire par sa présence à tous ses combattans le courage et la résolution dont il est animé ? Ne vois-tu pas qu'il communique à tout ce qui l'approche, cette héroïque ardeur, cette flamme inconnue au reste des hommes, et que la nature a récelée dans son sein? Invoque les glaces, appelle à ton secours les frimats qui enchaînent le bras des guerriers; et jusques à l'arrivée de ces auxiliaires propices que te prête la nature, dérobe-toi aux regards pénétrans du vengeur, dans l'obscurité de tes bois impraticables !

Mais, avant de raconter ces hauts faits, aussi nombreux que soudains, qui ramènent, dans les champs naguère désolés, la douce espérance, et promettent à la Pologne sa restauration ; avant de contempler le Maître de la guerre et de la victoire, rejettant au sein de ses ennemis la terreur et l'irrésolution, et leur laissant le deshonneur des retraites, permettez-moi de vous retracer les causes premières de ces combats, le déchirement de la Pologne, les intérêts qui unissoient la France à ce pays opprimé.

A cette époque frappante qui présente à la

nation Française, à tout homme sensible et éclairé, le plus noble spectacle, jettez avec moi un de ces coups d'œil rapides, qui pénètrent jusqu'à l'origine des évènemens ; vous reconnoîtrez, alors, qu'il n'a pas moins fallu que l'assemblage des plus rares qualités dans le chef de cet empire, pour préserver l'Europe d'un bouleversement général, pour détruire l'ascendant pernicieux qu'une monarchie de près de trois mille lieues d'étendue, appuyée sur six mers, et adossée aux bornes du monde, peuplée presque entièrement d'hommes ignorans, sauvages et cruels, commençoit à prendre sur toutes les nations civilisées ; vous avouerez, alors, que les conseils les plus sages, les plus mûres délibérations et les mesures les mieux concertées, réunis à l'intrépidité et au génie militaire du grand homme qui préside à nos destins, pouvoient seuls faire remuer cette masse énorme qui pesoit déjà sur les sociétés européennes, la repousser vers les plages désertes du Septentrion, l'enchaîner sur ses montagnes de glace, relever cet avant-mur, ce puissant Etat dont la chûte avoit occasionné cette inondation de barbares, et reconstituer dans la Pologne, rendue à la liberté, le boulevart de la civilisation.

Nécesité de l'indépendance de la Pologne, et vertus qui la distinguent ; calamités et déchirement de ce vaste pays ; dérangement de l'équilibre européen qui en fut la conséquence ; c'est ma seconde considération.

II.ᵉ PARTIE.

La Russie, placée sur les confins de la barbarie et de la civilisation, étoit encore ensevelie dans les ténèbres de la superstition et de l'ignorance, que la plupart des états européens brilloient dès long-tems de tout l'éclat que l'étude des sciences, la culture des beaux arts, et une religion épurée répandent sur les peuples ; et tandis qu'il n'y a pas un siècle et demi que les Moscovites étoient presque aussi ignorés de leurs voisins, que le sont aujourd'hui de nous les Kamschadales, les Samoyedes et les tribus du Caucase, les Polonais, parvenus à un haut degré de civilisation, convertis au christianisme dès le dixième siècle, firent bientôt éclater autant d'instruction, de connoissances utiles et agréables que de valeur et de générosité ; et le célèbre astronome Copernic, né à Torn, sur la Vistule, découvrit, il y a plus de trois cents ans, le seul systême sur le mouvement des astres, qui soit devenu celui de tous les savans.

Cette nation éclairée et belliqueuse, dont le territoire salubre et fécond surpassoit en grandeur la France entière, entourée de peuples sauvages et vagabonds, étoit seule la barrière de l'Europe contre les inondations des Tartares ; et soit dans cette horrible lutte de la première férocité contre l'ordre social, soit dans la guerre sanglante que déclara à la Chrétienté la doctrine armée de l'Islamisme, c'est la Pologne seule qui se trouva toujours aux postes avancés.

Chose remarquable ! ses habitans ont encore retenu la simplicité, la franchise et la frugalité des Sarmates leurs ancêtres, comme ils en eurent toujours la valeur et la modération. Les lois qu'ils s'imposèrent ne leur Permettoient point les conquêtes, et les Polonais se vantent de n'avoir jamais attaqué aucune nation, ainsi que de n'avoir jamais été, eux-mêmes, subjugués par les Romains. Défendre les limites de leur patrie, maintenir leur liberté, conserver leur religion et leur indépendance, voilà ! voilà ce qui constituoit chez eux l'idée de l'honneur; et leur bravoure native fut toujours tempérée par l'indulgence, par cet esprit de charité, de douceur et de paix qui caractérise le vrai christianisme. Seuls de tous

les peuples chrétiens, ils ne prirent aucune
part aux guerres prétendues de religion qui
désolèrent l'Europe ; seuls , ils n'eurent à
rougir d'aucun forfait public ; ils ne con-
nurent chez eux ni Conspiration des poudres,
ni Inquisition, ni Vêpres siciliennes ; et, ne
redoutant rien tant que la persécution , les
Polonais obligèrent leurs rois , avant de les
couronner , à jurer la tolérance religieuse.

Fidèles alliés des Français , ayant adopté
comme nous la loi Salique, nous ressemblant
à infiniment d'égards , et , suivant toutes les
vraisemblances , pouvant réclamer avec les
Francs , nos ayeux , une origine commune ,
tantôt les Polonais nous demandèrent des
rois et en reçurent de nous ; tantôt ils virent
avec intérêt que les Casimirs , les Jagellons ,
les Stanislas se retirassent en France , fis-
sent briller parmi nous les plus rares talens
et les plus belles vertus ; tantôt , enfin , animés , comme les fils belliqueux de la France,
de vertus guerrières , les généreux Polonais
volèrent au secours de l'Allemagne envahie
par les Turcs , délivrèrent la ville de Vienne
assiégée par une armée innombrable ; et
le grand Sobieski remporta sous les murs
de cette grande cité une victoire tellement
décisive , que les historiens les plus éclairés

datent de cette époque glorieuse la décadence de l'empire Ottoman.

Telle est la nation magnanime qui, au mois de novembre de l'an 1793, perdit son rang parmi les puissances de l'Europe.

Déplorable évènement! partage exécrable, usurpation sacrilège de la Pologne, où l'insatiable cupidité, le droit de la force s'exercèrent violemment, où la justice et l'honneur furent réduits au silence! où à la cruauté l'on osa ajouter la dérision, déclarer que des citoyens libres étoient heureux de se voir courbés sous un triple joug; d'avoir échangé les restes d'une liberté déchirée contre la paix, le silence d'une honorable soumission... Que ne disoient-ils, les cruels! contre le silence du sépulcre, contre la paix du tombeau!.... Certes, pour des hommes nés avec la liberté et l'honneur, il vaut mieux mourir que de leur survivre;.... et le deshonneur, la perte de l'indépendance, l'esclavage ignominieux étoient mille fois pires pour les Polonais que la torture et la mort!

Les uns, voyant leurs campagnes dévastées par les hordes innombrables qu'avoit vomies le Nord, penchés avec un morne désespoir sur la tombe de leurs frères, jurèrent une fidélité éternelle à leur pays;

mettant un genou en terre, auprès des autels, ils prirent le ciel à témoin du serment qu'ils firent de combattre jusqu'à leur dernier soupir pour reconquérir l'indépendance et la liberté de la Pologne.

Les autres, imitant ces vertueux sénateurs qui se revêtirent de la pourpre de la magistrature, et attendirent dans l'ancienne Rome, avec une vénérable et impassible sérénité, le coup mortel dont les frappèrent leurs barbares ennemis, suspendirent ainsi quelques instans, au prix de leurs jours, les fatales destinées de leur patrie.

Tous opposèrent l'inflexible roideur de la vertu à la tyrannie inexorable de leurs oppresseurs.

Plusieurs se déterminèrent à chercher un asile dans la France, à combattre pour nous et avec nous; et la brave légion polonaise, commandée par le vaillant Dombrowski, a vengé plus d'une fois nos insultes, les revers de la Trébia, de Vérone et de Novi, et humilié les Russes dans les champs du Piémont, et dans ceux de l'Helvétie.

O Polonais, qui sacrifiâtes vos jours à une cause qui parut désespérée, votre patrie fut toujours l'objet de votre amour; c'est pour elle que vous désiriez de vivre, c'est pour

elle que vous avez su mourir. C'est vous qui,
mis en opposition avec vos inhumains adver-
saires, apprîtes à vos contemporains à dis-
tinguer la férocité de la valeur ; à mettre une
juste différence entre l'intrépide défenseur
de son pays, et ces hommes cupides, ces
satellites altérés de sang, qui portèrent le ra-
vage dans une terre étrangère.

Cependant, ni les Kosciusko, ni les Zajon-
zeck, ni les Radziwill ne purent arrêter les
torrens dévastateurs des anthropophages qui
inondèrent les champs polonais, et les cou-
vrirent de cendres, de débris et d'ossemens.

Peu satisfait d'un empire plus étendu que
ne le fut celui des Romains, l'Autocrate
Moscovite s'efforce d'abattre l'unique barrière qui sépare les Russes du reste de l'Europe ; il sème la désolation et la mort, pour
s'ouvrir tôt ou tard la route de l'Allemagne,
de l'Italie, de la France, et comprimer,
partout où il portera ses pas, les progrès de
la civilisation.

Ici, ce sont des villages entiers livrés aux
flammes ;... on n'y voit plus que quelques
vieillards assis sur les ruines de leurs chau-
mières fumantes ,... et des enfans affamés,
cherchant vainement leur nourriture sur le
sein de leurs mères expirantes.

Là, c'est Praga, cité de la Mazovie, où le coupable Suwaroff fait périr de sang froid, par le fer et par le feu, quarante mille personnes, sans distinction d'âge ni de sexe.

Plus loin, ce sont les fugitifs et les prisonniers que les Russes massacrent avec une tranquille férocité. Ces victimes infortunées, voyant leurs maisons converties en bûchers, crurent vainement échapper par la fuite aux horreurs de cette affreuse guerre, elles ne trouvèrent de refuge et de repos que dans le sein de Dieu.

Ailleurs, ce sont des milliers de familles polonaises, transportées en exil le long de la mer d'Azoph, chez les Tartares, et dans la Sibérie ; dévenues la proie des ravisseurs qui les condamnent à défricher, sous un ciel rigoureux, leurs terres incultes ; elles y périssent dans les regrets et dans d'inconcevables douleurs.

Tels sont les actes divers de cette horrible tragédie, dont tous les monarques européens furent les spectateurs, sans faire le moindre effort pour en prévenir le dénouement funeste ! Faut - il être surpris qu'ils en aient tous, successivement, éprouvé les dangereux résultats ?

Certes, le démembrement de la Pologne, dans lequel furent violés ouvertement les droits les plus respectables , étoit contraire aux droits de l'humanité, de la morale et de la religion ; et ses effets pernicieux pouvoient être incalculables pour le reste de l'Europe.

C'est à l'instar de ce déchirement odieux, que la plupart des Souverains, à Pilnitz, s'étoient partagé la France, qu'ils la semèrent d'insurrections, qu'ils cherchèrent à la détruire par ses propres mains, afin de s'en répartir les riches dépouilles, comme ils l'avoient fait des Polonais, et d'effacer ainsi le nom Français de dessus la terre.

Bénissons le Protecteur suprême des sociétés, qui a préservé notre patrie de l'anéantissement total qu'avoient projetté contre nous les coalitions du Nord : honorons le grand homme dont la divine Providence a fait choix pour faire revivre la Pologne ; livrons-nous à un vif sentiment de gratitude et de vénération pour ce génie prévoyant et tutélaire, qui, refoulant dans leurs déserts les oppresseurs de l'humanité, leur a opposé , dans la restauration de la Sarmatie, une digue que leurs torrens destructeurs ne pourront jamais franchir ;

avouons que la France qui eut le tort de l'avoir abandonnée , a dû réparer ce coupable oubli de son fidèle allié ; félicitons-nous aujourd'hui de ces nombreuses victoires qui, servant à reconstruire le boulevard de la Chrétienté, nous mettent à l'abri, nous et nos enfans, de ces invasions incendiaires dont les Tartares, les Russes et les Turcs menaçoient sans cesse les Etats civilisés.

Cherchons, enfin , la résolution d'un problême politique qui a quelque droit à notre attention. Demandons-nous comment les Anglais qui se vantent d'être libres, ont constamment agi contre un peuple qui combattoit pour sa liberté ; demandons-nous comment ils ont pu , tantôt par leur connivence , tantôt par leurs armes , contribuer à réduire à l'esclavage un peuple vertueux,... tandis que la Nation française, fidelle à ses Souverains , aida l'Amérique à secouer le joug oppressif de l'Angleterre, tandis qu'elle a versé son sang et son or pour la défense des Polonais... A ces diverses questions il m'est doux de répondre : c'est que les Français croient à la bonté ; c'est que l'honneur est leur idole chérie ; c'est qu'ils rendent hommage à la vertu , dès qu'ils croient l'appercevoir : tandis que les Insulaires , leurs voisins , ainsi que Carthage , sont altérés d'or et du désir de régner ; tandis que , n'aimant qu'eux-mêmes et méprisant tous les peuples , les Anglais veulent se faire le centre de tout , s'arroger l'empire et le commerce du monde.

Mais suivez maintenant l'Aigle des triomphateurs , ouvrant à l'univers un livre nouveau des destinées , et portant la gloire du nom français en des lieux inconnus même à l'Aigle des Césars.

Transportez-vous, avec moi, par la pensée, sur les bords du Niémen, de la Dwina et du Boristhène : assistez en imagination aux combats de Mohiloff, de la Drissa, de Polotsk, d'Ostrowno, de Smolensk, enfin à cette bataille décisive, à la victoire glorieuse que nous avons remportée sous les remparts de Moscou ; et qui nous ouvrit, le 14 de septembre, les portes de cette auguste capitale de la Moscovie.

Alors, voyant la civilisation fixée, désormais, sur d'inébranlables fondemens ; vos familles, vos temples, vos nobles institutions, délivrés de la frayeur du Colosse sanguinaire qui leur préparoit des chaînes et la ruine ; un peuple généreux, votre éternel allié, arraché au joug cruel des barbares, et vous servant à l'avenir de sauvegarde et de boulevard, vous reconnoîtrez que la guerre que nous faisons est véritablement une guerre nationale, vous sentirez que ce jour est certainement le jour du salut; et vous rendrez, pour tant de bienfaits, de vives actions de grâces au Dieu des armées.

C'est ma dernière considération.

III.ᵉ PARTIE.

Dieu, nous dit un orateur sacré, Dieu doit à ses plus fidèles serviteurs, de les employer dans des momens difficiles; il ne laisse pas les dépositaires de son pouvoir languir dans le sommeil, il les rend invulnérables; il se plaît à les jetter sur le théâtre le plus orageux, et c'est au milieu des tempêtes qu'il a fondé leur école.

C'est ainsi que Napoléon, veillant sans cesse au salut de l'Europe et au bonheur de la France, s'arrache aux douceurs d'un repos bien mérité, aux tendresses paternelles et aux charmes de l'hymen; non que sa grande ame ait l'étroite ambition des conquêtes, mais il frémit à l'approche des périls qui menacent ses fidèles alliés; mais il veut dompter les superbes, et châtier les perfides!

Il voit s'avancer les désolateurs dont l'incendie et la destruction forment l'arrière-garde, et dont l'épouvante précède les pas. Il quitte sa capitale ; le front couvert de lauriers, il va moissonner d'immortelles palmes, et faire germer dans les champs du Nord l'olivier de la paix, l'unique objet des vœux de tout l'univers !

O vous, dont la jeunesse voluptueuse n'est que l'effervescence des passions, vous dont le cœur, amolli par les plaisirs, corrompu par de coupables maximes, ne s'ouvrit jamais aux noms sacrés de patrie et de devoirs, voyez ce que peuvent les sentimens sublimes qui échauffent les ames bien nées, et ce désir ardent de l'honneur, et cet enthousiasme de la véritable gloire, qui seuls ont créé les prodiges de nos jours !

Invincible héros ! c'est sur ton bras que se repose la France ; l'Europe civilisée invoque ton secours, et la Pologne met en toi sa confiance... Tu vas changer son destin, tu chasseras de ses campagnes le peuple terrible, *et le palais des étrangers ne sera point rebâti !*

Elle paroissoit, cependant, éteinte la noble vie de la Pologne, --- aucune nation ne compatissoit plus à ses maux, elle-même n'y cherchoit plus de remède ;... épuisée par la perte de son sang, froissée par l'oppression d'un joug inique, abattue par la torpeur et le désespoir, ensevelie sous ses ruines,... dormira-t-elle toujours ! qui l'arrachera à cette léthargie profonde ? qui osera l'éveiller de ce sommeil de mort ? Toi seul, ame grande et généreuse, ô Napoléon, toi seul tu en es capable ! Non, ce n'est point sans un arrêt du Ciel, que la Pologne se trouve placée entre le superbe ennemi qui a défié ton bras, et tes armées formidables attachées à le poursuivre... CHEMIN FAISANT, s'il m'est permis d'employer cette expression vulgaire, CHEMIN FAISANT, tu relèveras le Polonais abattu, tu lui prêteras une main secourable ; tu le retireras du tombeau où il sommeilloit, en attendant un vengeur !

O vous, qui êtes attentifs aux voies de la Providence, dites si ce n'est pas ici l'ouvrage du Très - Haut ; voyez sa puissante main conduire elle-même le libérateur de la Pologne vers ses ruines vénérées, y relever à la fois le trône et l'autel ; ramener les captifs dans leur patrie... Ah ! quelles que soient et la prudence de Napoléon, et son incomparable vaillance, non, ce n'est pas uniquement à ses vertus que la Sarmatie devra son retour à l'existence ;... c'est à ce Dieu juste et saint qui punit tôt ou tard la violence et l'injustice, qui confond l'iniquité et les vues perfides des mortels, et qui a voulu, dans ces jours de délivrance et de restauration, se glorifier par des prodiges !

Est-il, en effet, est-il de prodiges plus étonnans, dans l'ordre naturel, que ceux que j'ai à vous raconter ! ils s'accumulent sur ma pensée ; et leur rapidité, égale à leur grandeur, ne me laisse ni le tems, ni l'expression pour les retracer.

Que vos souvenirs suppléent à mon impuissance... Voyez les remparts, les redoutes et les forts céder à l'approche du vainqueur, comme renversés par une main invisible ! voyez le Russe, d'ailleurs courageux, ne plus demander le signal des combats, et le Czar lui-même n'oser en courir les risques avec des soldats à-demi vaincus au seul bruit du nom de Napoléon !

Voyez l'armée française s'étendre dans les plaines fécondes de la Lithuanie ; et, sur les bords riants de la Wilia ; voyez cette multitude d'hommes, de femmes et d'enfans, dont les acclamations surmontent le bruissement des ondes soulevées par l'orage...

L'Empereur paroît... il s'avance avec une dignité paisible vers le palais antique des Jagellons... suivi d'une pompe solennelle, il traverse les flots des habitans de Wilna... les sénateurs de Pologne, les princes lithuaniens, un peuple ivre d'allégresse l'environnent, et reçoivent en triomphe leur libérateur.

Cependant ce Souverain magnanime offre encore de traiter avec ses ennemis !... Hélas ! ses intentions pacifiques ne peuvent prévaloir sur les fantastiques projets d'une ligue insensée; séduite par les conseils de la cupidité, par un esprit de vertige, elle se flatte encore de consumer les Français par de longs efforts; elle prétend retarder jusqu'à la saison des glaces, en rompant les ponts, en incendiant les magasins, leurs progrès rapides... Il n'est plus tems ! Napoléon s'approche; --- plus de fleuve qui protège l'ennemi ;... le Boristhène et le Niemen, sont enchaînés en présence des Russes; --- la Dwina n'a plus de flots qui puisse arrêter le triomphateur, et la plaine fuit sous les pas de notre armée !

Ici, je crois voir le Héros français suspendre quelques instans la marche de ses guerriers, je crois l'entendre leur adresser ces paroles :
« O vous, qui n'avez cessé de vaincre avec

« moi, exposés à des périls sans nombre,
« voilà donc le prix de votre sang, de vos
« blessures, de la mort de vos amis, et des
« hivers rigoureux que nous avons passés
« sous les Alpes et dans les plaines glacées
« de la Sarmatie !... Les forêts de Petersbourg
« et de Moscou se courbent en vaisseaux,
« pour servir la cause d'Albion ! L'ordre
« m'est donné d'abandonner le nord de la
« Germanie, et le vaincu ose insolemment
« provoquer le vainqueur !... Que seroit-ce
« donc, si, vaincu moi-même, j'avois laissé
« le champ de bataille couvert de mes dra-
« peaux, et si j'étois en fuite?... On a l'audace
« de me défier ! L'Angleterre insatiable tient
« des nations à gages pour lui conquérir une
« autorité sans bornes !... Qui de nous peut
« ignorer qu'elle a voulu tarir pour nous,
« en fermant les ports, les sources de l'a-
« bondance et appeler la famine, afin de
« servir son ambition?... C'en est trop, ô
« mes compagnons d'armes, levez ces éten-
« darts victorieux, servons-nous des forces
« que nous ne devons qu'à nous-mêmes.... A
« celui qui se présente les armes à la main,
« refuser ce qui lui est dû, c'est accorder
« tout ce qui lui est possible... Ce n'est pas
« néanmoins à de nouvelles conquêtes que
« je cours... Nous allons combattre les in-

« fracteurs de l'alliance jurée,... et contri-
« buer au salut d'une nation qui fut la cons-
« tante alliée des Français. »

Il dit, et l'image de la Pologne, sortant de
la tombe, s'offre à ses regards, interdite encore, le sein meurtri de plaies , et la tête
couverte de poussière.... « Va , généreux
« guerrier, » semble-t-elle lui dire, « va
« porter tes enseignes contre mes barbares
« oppresseurs... C'est par toi seul que je puis
« revivre; c'est en toi que j'ai mis tout mon
« espoir ; et si je dois parcourir de nouveau
« des siècles de gloire, c'est à toi, Napoléon,
« que l'honneur en sera dû. »

A cette grande pensée , l'invincible Héros
ne peut hésiter ; il accélère sa marche ;... il
a plutôt atteint et vaincu l'ennemi, que
l'histoire fidelle ne décrira ses exploits :...
et Mohiloff, la Drissa, Polotzk, Ostrowno,
Smolensk retraceront à jamais ses glorieux
trophées.

Cependant ce n'étoient point là des combats
décisifs ; pour terminer la guerre , c'étoit au
cœur de cette immense domination qu'il
falloit frapper ; et la paix désirée ne pouvoit se
signer que dans la capitale de la Moscovie.

C'est donc vers le centre de l'empire des
Czars, c'est vers le foyer de leurs armées et

de leur négoce, que nos phalanges dirigent leur marche.

Parvenues à deux lieues en arrière de Mojaïsk, elles rencontrent l'armée ennemie, commandée par Kutusoff, et fortifiée par celle du Danube, en ligne de bataille. Fier des avantages d'une forte position, le général Russe se flatte de tenir tête au plus grand des Capitaines.... Il appuie sa droite sur la rivière de la Moskwa, tandis que le fleuve de la Kologha protège sa gauche.... Il hérisse de redoutes et de parapets les hauteurs qu'il s'empresse d'occuper, et croit témérairement que les plateaux qu'il a couronnés de batteries, seront inexpugnables!

C'est ici que vont se décider, à la fois, le sort de l'Europe et celui de la civilisation ; c'est ici que les arts, consolateurs de la vie, vont être rassurés contre la crainte d'un anéantissement éternel ; c'est ici, enfin, que vont se préparer, pour l'Europe et pour les deux hémisphères, des siècles de paix qui effaceront jusqu'au souvenir des pénibles sacrifices, devenus inévitables pour obtenir ces grands résultats.

Le Héros, né pour dominer son siècle, et pour être l'entretien de la postérité, se prépare à la bataille qui va balancer les destinées des deux empires, et ouvrir aux Français les portes de Moscou.

La pluie de la veille ne l'empêche point de parcourir lui-même les avant-postes de l'ennemi, de reconnoître les lieux propres à l'attaque et à la défense, de ne laisser au hasard que ce qu'il ne peut lui ôter ; ou plutôt, de forcer la fortune à lui demeurer fidelle, et d'obtenir de la Divinité la continuation des faveurs ou des miracles qu'elle réserve à la vertu, à la persévérance et au dévouement.

Il goûte, enfin, quelques instans d'un repos qui doit ranimer ses forces ; et, pendant les heures d'un sommeil réparateur, me trompé-je ? je crois voir les martyrs révérés de la Pologne invoquer le bras de Napoléon, de dessous les marbres qui les renferment ;... je crois les voir sortir de leurs tombeaux ; je les entends crier : « Victoire ! victoire ! » et dire à l'envi : « O Napoléon, que ton bras « s'affermisse ! les ames des Polonais égorgés « combattent pour toi ; leurs ombres conso- « lées t'environnent ; elles prient pour toi « le Dieu des cieux.... Prends les armes, « combats, triomphe,... et fais le bonheur « du Monde.... Les anges du Ciel font des « vœux pour ta prospérité.... La Providence,

« toujours juste et impartiale, favorise ta
« généreuse entreprise ; elle applanit le
« chemin par lequel tu es entré... Jamais
« mortel n'a trouvé ouvertes, comme toi,
« toutes les routes qui conduisent à une
« gloire éternelle !... Non, nous ne pouvons
« nous tromper, c'est toi qui rendras à la
« monarchie de la Pologne sa splendeur
« première. Quelle consolation pour toi d'en-
« tendre dire un jour : les Sigismond, les
« Sobieski, les Casimir illustrèrent la Po-
« logne dans sa jeunesse ;... mais Napoléon
« l'a arrachée, dans la vieillesse et dans
« l'anéantissement où elle étoit tombée, des
« bras de la mort. »

C'est le sept du mois de septembre, il est
deux heures avant l'aube du jour ; et, déjà,
paroît le Chef de la grande armée, sur les
hauteurs de Borodino.... Bientôt il est environné des maréchaux de l'empire, et le plan
de la bataille prochaine est concerté dans
le camp impérial.

A cinq heures et demie du matin, la pluie
et l'obscurité du jour d'hier cèdent la place
à la sérénité d'un beau jour, et le soleil
brille sans nuages.... A cet aspect, présage
d'un doux espoir, l'Empereur prononce ces
paroles prophétiques : *C'est le soleil d'Aus-*

terlitz ! Toute l'armée en accepte l'augure.. Le discours de Napoléon qui harangue ses soldats, est accueilli par des acclamations réitérées, gage du succès ,... et la bataille commence....

On en connoît et les détails glorieux, et les résultats inappréciables ;... je dirai seulement que la force des Russes étoit égale ou supérieure à celle des Français qui étoient au nombre de cent trente mille ; j'ajouterai que, depuis six heures du matin, jusques à deux heures après midi, les Moscovites ont combattu avec un acharnement opiniâtre, qu'à trois heures, ils fuyoient de toutes parts pour échapper à la mort, et qu'ils ont laissé cinquante mille des leurs sur le champ de bataille.

Vous n'ignorez pas non plus, et que l'Empereur entra dans Moscou sept jours après cette mémorable journée, et que les ennemis, espérant nous faire partager les fléaux qui les ont consumés, employant des moyens nouveaux de destruction combinés avec une habileté réfléchie, ont réduit en cendres les deux tiers de cette grande cité, l'une des plus belles et des plus riches du monde.

Délire de la plus atroce cruauté ! l'étonnement et l'indignation ne connoissent plus de bornes, à cette image affreuse! les citoyens de Moscou livrés aux flammes par les mains mêmes de ceux qui devoient les protéger!... Que serions-nous devenus, grand Dieu! si ces barbares eussent triomphé de nos armées, et inondé de nouveau l'Europe! N'avions-nous pas à craindre qu'ils ne revinssent les jours où les Attila, les Tamerlan, dégoûtant de sang et de carnage, versèrent sur le genre humain épouvanté des nuées de forcenés assassins? Des générations entières s'effaçoient à leur approche de dessus la terre; et les plus florissantes cités, naguère debout, bientôt incendiées, n'ont pas même laissé de monument pour apprendre à l'étranger, avide de de s'instruire, la place qu'elles occupoient!

O que notre ame, reconnoissante, aggrandie à la vue des triomphes que Dieu nous a accordés, aille au-devant des heureuses destinées qu'ils préparent à nous et à nos familles!

En voyant que, dans moins de quatre mois, en moins de tems qu'il n'en faudroit à un simple voyageur, dans des vues ordinaires, pour parcourir ces vastes pays, nos armées, se frayant un chemin dans des lieux

impraticables, ont atteint, combattu, ter-
rassé leurs sanguinaires et belliqueux ennemis, et réduit l'Empire russe à une situation désespérée, bénissons l'Eternel, comme
l'unique source de tant de succès presque
miraculeux ; rendons à la divine Providence
les grâces qui lui sont dues. C'est elle qui
a veillé sur Napoléon ; c'est elle qui l'a pris
par la main droite, et qui l'a conduit par
son bon conseil ; c'est elle, enfin, qui a
frappé, par le glaive de ce guerrier aussi
sage qu'intrépide, les bandes farouches des
désolateurs qui auroient ramené les siècles
de barbarie, et qui, déjà, avoient fait rétro-
grader, dans les contrées qu'ils avoient con-
quises, l'époque de la civilisation. !

Espérons que l'Angleterre dont l'étrange
politique fait retomber sur ses alliés tous
les maux dont elle veut nous accabler, se
verra forcée par nos victoires de retirer de
la péninsule les débris de son armée, pour
protéger ses propres rivages.

Et, tandis que nous jouissons sur le territoire français de la plus profonde sécu-
rité, tandis que la Pologne toute entière
nous sert de réserve et de rempart contre
les hordes meurtrières et vagabondes des ré-
gions boréales, adressons au Dieu de l'univers

des témoignages d'adoration , nos vœux pour la France et pour l'Empereur , nos actions de grâces pour la victoire, nos prières pour la paix.

Monarque absolu des sociétés humaines , toi qui as été notre Rédempteur de tout temps , c'est toi qui es la Puissance suprême, invisible, et bienfaisante , qui dirige tous les évènemens en faveur du genre humain : c'est par toi que les rois règnent , et que les princes administrent la justice ; nous te bénissons ! NOUS ENTONNERONS EN TON HONNEUR UN HYMNE D'AMOUR ET DE RECONNOISSANCE.

O conserve Napoléon ! tiens tes regards fixés sur l'Impératrice et sur le Roi de Rome , fais luire sur eux un Ciel toujours serein !

Puissions-nous voir bientôt l'Empereur de retour au sein de sa capitale , après que ses innombrables ennemis auront mordu la poussière , comme les épis tombent sous la faulx du moissonneur !

Puissions-nous lui dire , incessamment , après qu'il aura fait cesser les guerres jusques au bout de la terre habitable : « Béni soit « notre Dieu qui vous a choisi, qui vous a « élevé pour sauver la France et délivrer la « Pologne , pour y rétablir la gloire de son « nom ; pour rendre la paix, le commerce « et le bonheur à la terre ! » Amen !

ODE DITHYRAMBIQUE,

EN PROSE MESURÉE;

OU

HYMNE RELIGIEUX,

SUR LA DÉLIVRANCE DE LA POLOGNE.

Ire STROPHE.

NAPOLÉON régnoit depuis plus de huit années: après avoir rempli le monde de ses vertus, et fait appeler cet âge glorieux le siècle des prodiges, il n'ambitionnoit plus que le nom de pacificateur... Satisfait d'avoir délivré de l'oppression le duché de Varsovie, fidèle observateur des traités qui garantissoient le Dominateur du Nord, il dédaignoit les palmes de la victoire, et l'olive de la paix étoit plus chère à son cœur.... En vain la Pologne, cette ancienne alliée de la France, imploroit du Ciel un libérateur; la foi jurée, la sainteté des sermens opposoient des obstacles à cette restauration désirable ; et le **doux** espoir de la liberté sembloit mourir dans le cœur des Polonais.

Ire ANTISTROPHE.

Lyre sacrée, redis-moi les années de la servitude de ce noble peuple ; dis-moi ses regrets, ses plaintes touchantes et ses longues douleurs ; lyre sacrée, célèbre les hauts faits de Napoléon.

Ire ÉPODE. (*)

« *Assis aux bords des fleuves superbes de*
« *la* Vistule, *du* Boristhène *et du* Niemen,
« nous ont dit ces familles captives, *nous ne*
« *pensions, dans notre tristesse profonde,*
« *qu'aux jours heureux de la liberté. Chacun*
« *de nous, la mort peinte au visage, inca-*
« *pable de chanter les hymnes saints, sus-*
« *pendit sa harpe aux saules de ces rives*
« *enchaînées... Chacun de nous s'écrioit, les*
« *yeux en pleurs :* ò Pologne! Pologne! *si je*

(*) Le lecteur reconnoîtra aisément le style oriental dans les Épodes, qui sont extraites textuellement des Auteurs sacrés, autant que l'ont permis les allusions historiques.

« t'oublie jamais, que ma droite s'oublie
« elle-même ! Terre de mes ayeux ! ô ma
« patrie ! puisse ma langue s'attacher à
« mon palais, si je cesse de me ressouvenir
« de toi ; si j'ai aucune joie, aucun plaisir,
« avant de te revoir libre et indépendante ! »

IIe STROPHE.

Cependant, rendue à la religion, à l'ordre, à l'unité de pouvoir, l'aînée des nations chrétiennes avoit déjà vu la plupart des Etats du Continent reprendre successivement leur place autour d'elle, et rendre hommage à sa suzeraineté ; déjà la France avoit repris les rênes de l'Europe, qu'elle n'eût jamais dû abandonner, et son conducteur illustre dirigeoit les destins des puissances limi-trophes... Une seule nation, celle qui nous intéressoit d'avantage, n'étoit plus !... Le Nord semi-barbare pesoit sur le Midi demeuré sans défense par la chûte de son AVANT-MUR ; et le système politique, qui avoit donné à la plus petite partie du monde l'étonnante supériorité qu'elle a acquise sur le reste de ce globe terraqué, paroissoit renversé de fond en comble !... Puissances du Ciel ! étiez-vous ébranlées lorsque le destructeur triompha? et toi, mystérieuse Providence, où reposoient tes foudres, lorsque les défenseurs de la Chrétienté succombèrent aux poignards des farouches enfans du Septentrion?... L'Ange de la Pologne a plaidé dans le Ciel en faveur de cette malheureuse contrée;... il a offert à l'Eternel tant de vertus dignes d'un sort plus heureux! il a demandé vengeance pour tant d'injures et tant d'atrocités accumulées sur des têtes innocentes! il a représenté les périls imminents qui menaçoient tous les peuples policés, si ce vaste repaire d'hommes sauvages, franchissant l'unique barrière que l'on pût opposer à ce torrent débordé, vomissoit sur l'Europe inondée de spoliateurs ses hordes vagabondes:... et l'Eternel a entendu la voix de l'intercesseur; et il a envoyé, du haut des Cieux, du secours aux misérables; il a exaucé les prières de son peuple qui languissoit dans les fers!

II.e ANTISTROPHE.

Lyre sacrée, dis-moi comment a été rabaissée la tempete éclatante des étrangers; dis-moi qui a été l'ombrage contre le hâle, le réfuge contre le débordement; et comment

le branchage des terribles a été abattu par
la force de ton Oint! Lyre sacrée, célèbre
les hauts faits de Napoléon.

IIe ÉPODE.

*Ils ont crié à l'Eternel des armées à cause
des oppresseurs, des hommes terribles,... et
l'Eternel leur a envoyé un libérateur, un
grand personnage qui les délivrera du joug
des étrangers.*

*L'Eternel a en main un fort et puissant
homme pour exécuter sa volonté, ressemblant
à une nuée qui porte le tonnerre, à un
tourbillon qui entraîne tout!... Qui lui op-
posera des ronces et des épines pour les
combattre? il les foulera aux pieds, et il
les brûlera toutes ensemble... « Qu'on fasse la
« paix avec moi, s'écrie-t-il, puisque l'on ne
« peut forcer ma force, qu'on fasse la paix
« avec moi!... »*

*Mais une dure vision m'a été déclarée;
le peuple opprimé s'est plaint amèrement,
il a dit: ma patrie est devenue solitaire:...
maigreur sur moi! maigreur sur moi! je
suis environné de pièges et d'épouvante...
Celui qui saccage, saccage toujours;... le*

perfide demeure toujours perfide!... Hélamites, montez! peuples de l'Occident et du Midi, assiégez ;... qu'on prépare le glaive de la bataille ;... qu'on fasse le guet :... levez-vous, capitaines, oignez le bouclier...

Les oppresseurs s'enfuient, errants ça et là, de devant l'épée de la délivrance, de devant l'arc tendu, et de devant le fort de la mélée ;... et dans ce jour là, sera chanté dans le pays un cantique nouveau : « Nous avons aujourd'hui une ville « forte, la VILLE DES NATIONS ; *la délivrance « y sera mise pour muraille, la paix et « la sûreté y seront assises pour avant-mur ».*

III.ᵉ STROPHE.

Il approche le terme fatal de la servitude de la Pologne ;... le Dynaste imprudent qui la tenoit dans les fers, non content d'avoir entretenu, avec l'implacable ennemi de la France, un commerce illicite, a osé, dans son aveuglement, provoquer le vainqueur [1]... A ce défi téméraire, les peuples qui boivent des eaux de l'Eridan et du Tibre, ont accouru ; ceux dont le Danube, l'Elbe et l'Oder abreuvent les campagnes, se sont réunis aux bandes belliqueuses, qui fertilisent

les plaines qu'arrose le Rhin ; la Gironde,
encore, le Rhône, et la Loire ont vu les
guerriers qui habitoient sur leurs rives,
s'élancer à la voix de leur invincible Chef,
vers les bords de la Baltique, du Bog et
du Niemen ;... à leur arrivée, la Vistule,
trop long-temps asservie, a rompu ses liens,
elle roulera désormais une onde libre...
Celui qui saccageoit, a été saccagé à son
tour ; et la Pologne, ranimée à l'apparition
de son sauveur, a soulevé les portes d'airain
de la tombe où les meurtriers l'avoient
ensevelie;... ses membres épars se sont rap-
prochés, l'esprit de vie est rentré dans ses
ossemens arides,... l'existence leur a été
rendue soudain;... ils se sont levés tous ensemble, formant une armée comme innombrable,... et ils se tiennent debout devant
leur libérateur !

III.e ANTISTROPHE.

Lyre sacrée, dis-moi les causes de cette
guerre, sa marche plus rapide que l'éclair,
un vaste royaume conquis dans quelques
journées : dis une nation qui n'existoit plus,
naissant de nouveau, et recommençant des

siècles de gloire... Lyre sacrée, dis-moi les hauts faits de Napoléon!

IIIe É P O D E.

« *Quand l'Éternel ramena des extrémités de* « *l'univers nos familles fugitives, et qu'il brisa* « *les fers de la captivité, nous fumes alors* « *comme des gens qui songent,* » *disoient, en versant des larmes de joie, les exilés de retour dans leur patrie;* « *alors notre bouche fut rem-* « *plie de chants de prospérité, et l'allégresse* « *a été sur nos lèvres.* »

Qui entendit jamais un tel évènement? et qui en a jamais vu de semblable? qu'un pays fût enfanté en un jour! qu'une nation anéantie naquît tout d'un coup, après avoir été effacée d'entre toutes les tribus qui sont sur la terre!

Vois tous ceux - ci qui sont accourus de loin pour venir à toi, Pologne, long-temps dévastée et solitaire; déjà je te vois étendre les courtines de tes pavillons, et élargir le lieu de ta tente, pour accueillir dans ton sein tes nombreux enfans; déjà je t'entends dire avec étonnement, dans ton cœur: « *Qui m'a en-* « *gendré ces fils et ces filles, vu que j'avois*

« *perdu mes enfans et que j'étois veuve ? et*
« *ceux-ci, ces nouveaux enfans qui me sont*
« *nés pendant les années de ma solitude, d'où*
« *viennent-ils ? »... Béni soit l'Eternel des ar-*
mées de ce que celle qui avoit semé avec pleurs,
moissonne maintenant avec chant de triom-
phe ! Gloire soit à Dieu de ce qu'il nous a dé-
livrés par son Oint !

IV.ᵉ STROPHE.

Mon cœur, rempli de choses magnifiques,
brûle de les répandre... C'est au Restaurateur
de nos autels, c'est à l'Homme de la France,
à l'Arbitre de l'Europe, que je veux consa-
crer ce dernier chant.... Napoléon, tu ne dé-
daignes point le langage de la reconnoissance;
tu te plais à voir les cœurs tressaillir de joie
à la vue de l'heureux avenir, qui t'aura coûté
tant de travaux; par toi, le siècle de la paix
commence à éclore ; la paix, ce don du ciel,
sans lequel il n'est point de bonheur; la paix
qui est le seul but légitime de la guerre,... et
bientôt tu auras fait cesser tous les combats
sur le continent; bientôt, après avoir dissipé
devant toi tes nombreux ennemis, comme
l'haleine des autans chasse la poussière, tu
verras la reine de l'Océan s'humilier devant

toi... Déjà le Génie de l'Amérique et la tyrannique Puissance des mers s'entre-heurtent... Déjà le cri de la paix se fait entendre dans les cités d'Albion !... Ma pensée anticipe sur cette époque prochaine et si désirée... Oui, pacifique guerrier, la victoire fidelle suivra constamment tes pas ; après avoir affranchi de leurs fers les captifs de la Pologne, poursuivi jusques dans les glaces de la Newa le dominateur du Nord, et marqué chaque jour de cette campagne de quelque nouveau triomphe ; avant que tu ramènes à nos souhaits tes soldats victorieux, l'Angleterre et la Russie, confondues, s'efforceront de désarmer par leur soumission ton bras invincible; *tu verras le courrier allant à la rencontre du courrier*, et les messagers de ces Puissances, trop long-temps rivales de la tienne, se rencontrer dans ton camp pour te demander la paix !... Alors nos larmes seront essuyées; alors la terre ne s'humectera plus de sang humain;... alors le trident de Neptune ne sera plus le sceptre du monde ; transmis aux commerçans paisibles de tous les climats, il n'allumera plus le tonnerre sur les mers épouvantées ; il n'offrira plus aux navigateurs que l'emblême de la paix, l'olivier fertile, ou la corne d'abondance, qui répandra sur nos ports et dans nos cités toutes les richesses de l'univers !

IV.e ANTISTROPHE.

Lyre sacrée, présage - moi ces brillantes destinées, c'est au pacificateur que je destine ces derniers accens; annonce - lui les couronnes et les lauriers, que nos mains empressées lui préparent;... dis-lui, sur-tout, les vœux ardens que nous formons pour lui au pied des autels; dis-lui que nous demandons solennellement au Dieu des armées la conservation de notre Souverain magnanime, et le succès de ses généreux desseins....Lyre sacrée, célèbre avec nous la victoire ! fais-nous pressentir la paix et le retour de Napoléon !

IV.e ÉPODE.

Un son éclatant vient de la ville des peuples;... un son vient du temple, le son de l'Eternel, rendant la pareille à ses ennemis, et consolant celle qui étoit assise sur la poussière : « Lève toi, lève-toi, sois illuminée, car ta « lumière est venue, et la gloire de l'Eternel « s'est levée sur toi!... Affligée, battue de la tem- « pête, sois revétue de pouvoir et de grandeur!...

« *Voilà pour te dédommager de l'opprobre*
« *où tu as été plongée ; je te mettrai dans une*
« *joie qui durera de génération en généra-*
« *tion ;... la félicité gardera tes portes, et le*
« *salut fera sentinelle sur ton avant - mur* ».

L'Eternel fera cesser les guerres jusques aux
bouts de la terre habitable... L'Eternel rom-
pra les arcs, il arrétera le coursier au jour
de la bataille, il renversera les chariots armés,
il brisera les lances. « *Cessez, dira-t-il, ces*
« *cruels combats ; je veux étre glorifié par*
« *les peuples.* »

« *Je t'ai élu, a dit l'Eternel à son Oint,*
« *pour annoncer la justice, pour réconcilier*
« *entre elles les nations, et pour faire découler*
« *sur tous les peuples des fleuves de paix. ---*
« *Voilà, aucune plaie n'approchera de ta*
« *tente... Il en tombera mille à ton côté,*
« *dix mille à ta droite, mais la destruction*
« *n'approchera point de toi ;... ma vérité te*
« *couvrira de ses ailes, et mon amour te ser-*
« *vira d'un impénétrable bouclier.* »

Isles de l'Océan, soyez attentives, et vous
qui habitez sur les eaux, recevez instruction ;
car le Tout-puissant, l'Eternel des armées a
dit lui-même : « *Je calmerai les flots de la*
« *mer, et je ferai taire l'onde bruissante ;*

« *les navires de Tarsis apporteront à mon*
« *peuple leurs tributs; et les flottes d'Ophir*
« *reviendront des extrémités du monde, pour*
« *verser dans son sein les trésors de l'univers.* »

O Eternel, je t'exalterai, car tu as fait par
l'homme que tu as élu pour cela des choses
merveilleuses!... Non point à nous, non point
à nous, Seigneur, mais à toi seul, mais à ton
nom soient rendus l'honneur, l'hommage et
la gloire, aux siècles des siècles !

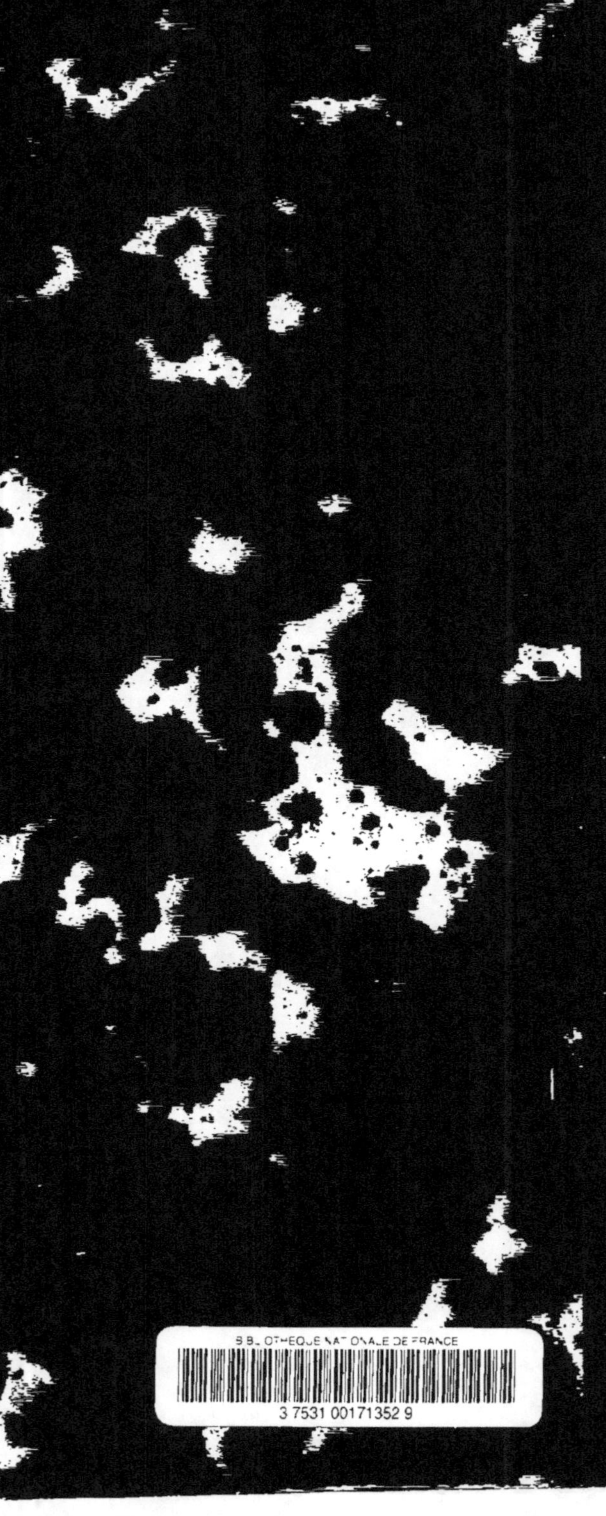